读有所得

中共湖南省委宣传部 指导
《读有所得》编辑部 编

126

湖南文艺出版社

目 录

新经典

边走边读

书 香

艺术欣赏

生态位美德与生命共同体繁荣

◎ 龙静云

习近平总书记指出："人与自然是生命共同体，人类必须尊重自然、顺应自然、保护自然。"今年以视频方式出席领导人气候峰会时，他进一步强调："面对全球环境治理前所未有的困难，国际社会要以前所未有的雄心和行动，勇于担当，勠力同心，共同构建人与自然生命共同体。"习近平总书记关于共同构建人与自然生命共同体的重要论述表明，人类作为生命共同体的一员，必须坚守自己在生态系统中的正确位置并履行生态位美德，这对于生命共同体的发展和繁荣而言，无疑有着非常重要的意义。也唯其如此，人类才能造福生命共同体，同时也造福人类自身。

“生态位”是近年来开始流行的一个生态学术语，其意是指一个种群在自然生态系统空间中的位置，以及这个种群与自然及其他种群之间的功能和价值关系。作为生态系统中的一员，人类显然有属于自己的生态位，但人类的生态位不是人类在生态系统中的某一固定区域，而是指人类的活动有其特定的边界，并受特定规则的约束。古希腊哲学家亚里士多德强调，人与人在交往中要做到恰到好处，既无过及，又无不及，只有这样的行为才是善的。这也启示我们，人类在与自然界打交道的过程中，必须将自己置于正确的生态位，并把自身的活动限定在既无过及，又无不及的范围之内，唯其如此，才能有效发挥人类对生态系统的独特功能和价值。

近代以来，在人与自然的关系问题上，有两种代表性观点：人类中心主义与生态中心主义。前者认为人类是世界的中心与主体，自然界的价值就是为人类的需要、利益与福祉服务；而后者认为，相较于人类，生态系统无疑具有更大的价值与意义，因而人类的实践活动不只是为自身的发展与繁荣服务，还应该为生态系统的发展与繁荣服务。不得不说，生态中心主义比人类中心主义的确前进了一大步，但又存在着某种弱化人类价值与意义的倾向。事实上，人类作为自然世界的一名成员，不是自然世界的中心，也不是自然和生态的婢女。对人类在生命共同体中正确位置的追问，实质上是对人类究竟以何种方式求生存、求发展，并以何种美德与其他生命平等共存的追问。中国传统生态哲学告诉我们，人类必须坚持“不违背”的生态哲学智慧。孟子曾这样说过：“不违农时，谷不可胜食也；数罟不入洿池，鱼鳖不可胜食也；斧斤以时入山林，材木不可胜用也。谷与鱼鳖不可胜食，材木不可胜用，是使民养生丧死无憾也。”这里，孟子之言仅有61个字，而“不”字在其中就出现了7次。很显然，孟子在这里表达了深刻的生态智慧。美国生态学者桑德勒认为，人类对自然属性和自然世界的正确认知，是建立在关心、爱和尊重的美德之上的。马克思明确说过：“不以伟大的自然规律为依据的人类计划，只会带来灾难。”这更是振聋发聩的真理。这表明，在强大无比的大自然面前，人类要满怀敬畏之心，做到不挑战、不对抗、不违背自然规律，不污染和破坏生态环境，这是人类首先应具备的生态位美德。

诚然，人类必须依靠自然以供养自己的生命，但又必须反哺自然以滋养自然的生命。这就意味着，在生命共同体中，人类既要顺应自然规律，也必须利用自然规律为自己服务，以推进生产力的发展和社会进步；与此同时，人类又必须充分尊重大自然和生命共同体中其他生命的需要和利益，维护地球全生命系统的完整性。人类并无绝对权力无节制地掠夺自然和剥夺其他物种的生命，人类的另一生态位美德是运用人类的知识、智慧与科技，合理节用自然之利，反哺滋养自然之生，促进生命共同体的繁荣发展。

（标题为编者所拟，原题《人类的生态位美德与生命共同体繁荣》，文章有删节，选自《光明日报》2021年7月19日）

虽有智慧，不如乘势

◎ 孔新峰

习近平总书记在党史学习教育动员大会上指出："'虽有智慧，不如乘势。'了解历史才能看得远，理解历史才能走得远。要教育引导全党胸怀中华民族伟大复兴战略全局和世界百年未有之大变局，树立大历史观，从历史长河、时代大潮、全球风云中分析演变机理、探究历史规律，提出因应的战略策略，增强工作的系统性、预见性、创造性。"

"虽有智慧，不如乘势"本是春秋战国时代齐国谚语，全句为"虽有智慧，不如乘势；虽有镃基，不如待时"，出自《孟子·公孙丑上》首章。此章生动展现了雄辩滔滔、议论风生的孟子语体，从中可知孟子所处社会时代背景，尤其是其提出仁政王道主张的历史语境。

公孙丑是孟子的重要弟子，与另一弟子万章

同为《孟子》的撰写者。在《孟子·公孙丑上》首章开篇，公孙丑向老师提出了一个假设性问题："倘若老师能在齐国主政，可否复现管仲和晏子的事功？"孟子很不客气地说："子诚齐人也，知管仲、晏子而已矣。"言外之意是，儒者志在仁政王道，"无道桓文之事"，管仲不过霸者之佐，我怎会去效仿那得君极专、宰国极久而功烈极微的管仲呢？

公孙丑或许想起了孔子对管仲褒贬参半、臧否兼行的评价，即认为管仲虽"私德"有亏（器量不大、奢靡之风、僭越非礼），却算得上一个响当当的大人物（"人也"）、好端端的政治家（"如其仁！如其仁！"），毕竟，孔子曾称赞管仲："相桓公，霸诸侯，一匡天下，民到于今受其赐。微管仲，吾其被发左衽矣。"于是公孙丑再度发问："管仲、晏子把齐国发展成强国，难道真不值得效仿吗？"孟子闻之，只是淡淡回了7个字："以齐王，由反手也。"（"以齐国的资质，实现王道政治是易如反掌的"）可是这么一来，公孙丑的困惑反而更大了，干脆祭出孔子盛称的周文王事迹："照您这么讲，以文王立德之盛、享寿之久，却未能在有生之年实现天下王道，莫非也不值得当世儒者推崇吗？"

作为回应，孟子剖析了文王—殷纣之际的"时"与"势"，大意是讲：尽管文王积德、殷纣败德，但在彼时情势之下，"量变"尚不足以引发"质变"。这种论说方式与《左传·宣公三年》楚子（庄王）"问鼎中原"的记载若合符契，大可以说"'殷'德虽衰，天命未改。鼎之轻重，未可问也"。正是在此关节，孟子抛出前引齐国古谚，指出政治德慧和现实形势缺一不可，先进农具和天赋农时兼具方成，在当时战国时势下，像齐这样的万乘之国力行仁政，将事半功倍，产生"沛然莫之能御"的伟力。

在孟子的"王道"政治思想中，实现理想政治局面，"德慧"与"时势"一个都不能少。百年党史，蕴藏着明理、增信、崇德、力行的宝贵资源，其中的若干重大抉择和关键时刻反复证明：了解历史才能看得远，理解历史才能走得远。1944年，毛泽东在《为人民服务》中指出："我们的同志在困难的时候，要看到成绩，要看到光明，要提高我们的勇气。中国人民正在受难，我们有责任解救他们，我们要努力奋斗。”这正是《孟子》该篇所言的“解民倒悬”和“事半功倍”！在中国特色社会主义进入新时代的今天，面对中华民族伟大复兴战略全局和世界百年未有之大变局，我们更应树立大历史观，广明德慧，深察时势，顺势而为，实现从“赶上时代”到“引领时代”的伟大跨越。

（文章有删节，选自《光明日报》2021年6月25日）

读节气

【谷雨】“清明断雪，谷雨断霜”，谷雨是春季最后一个节气，谷雨节气的到来意味着寒潮天气基本结束，气温回升加快，大大有利于谷类农作物的生长。

《特别推荐》编选：龙昌黄

刀锋淬火显英雄

◎ 李泉

1934年10月长征前夕，中革军委将红军大学、公略步兵学校、彭杨步兵学校和特科学校编成干部团，下设4个营和1个上级干部队，共千余人。这是一支极为特殊的部队，其成员都是从部队选调上来的战斗经验丰富的军政干部。这支队伍既要为红军培养后备干部，也要保证行军途中中央和军委机关的安全，是一支重要的战斗力量。行军时，毛泽东、周恩来、朱德、刘伯承等久经沙场的高级干部，经常走在这支队伍中。

这支精锐之师的指挥者，就是经历传奇、鼎鼎大名的战将陈赓。他率领干部团突破乌江天堑，飞越皎平渡，走过雪山草地，书写了许多生死关头力挽狂澜的精彩篇章。

长征途中，干部团打的第一场恶仗便是力挽狂澜的生死之战。1935年1月24日，红一军团进占土城。27日，当红军主力全部抵达土城一带时，川军4个团尾追而来。中革军委遂决定发起土城战斗，消灭追敌。

谁知，最初的战斗很不顺利。川军依托有利地形，在优势火力掩护下发起反扑，步步进逼土城，甚至一度突破了红军防线，一直攻到了白马山红军总部指挥所前沿。虽然红军打得英勇，伤亡却不断增加，进攻成效也不大。土城之战是遵义会议后的第一仗，成败关乎全军士气。为扭转不利局面，毛泽东把手里的最后一张王牌拿出来，急令干部团投入战斗，实施反击。

陈赓临危受命，亲作动员，令特科营重机枪掩护，一营担任主攻。这场恶仗打得异常激烈艰苦，一营每前进一步，都要付出血的代价。接近山头时，他们与敌人纠缠在一起，展开了激烈的肉搏战。干部团当时装备了冲锋枪和钢盔，敌人从没见过戴钢盔的红军。更令他们胆怯的是干部团前仆后继的精神和一刻不停的反冲锋。

毛泽东在看到川军凶猛的进攻被干部团压下去后，高兴地称赞道："这个陈赓行，可以当个军长！"然而，这一仗，干部团损失不小，伤亡近百人。宋任穷向毛泽东汇报："干部团的学员都是连排以上的干部，培养一个干部不容易，这样使用代价太大了。"毛泽东也非常惋惜地说："对啊，对干部团的学员用是要用的，但这样用不行。以后要注意哩！"

土城之战让干部团的战斗力得到了毛泽东的高度认可，但真正让干部团一举成名的是在金沙江畔飞夺皎平渡一战。陈赓和宋任穷都明白，这一仗是长征以来干部团首次单独作战，也是关乎红军生死存亡的一仗，不容有失。

干部团分成先遣营和后梯队，由红军总参谋长刘伯承和宋任穷率三营先行，陈赓率团主力随后跟进，经山仓街、海龙塘、石板河，直指皎平渡。为了争取时间，出敌不意，先遣营一律摘掉帽徽等红军标志，伪装成国民党军，顶着火辣辣的太阳，在野草丛生、乱石嶙峋的山间走了60

多公里。晚上就在一片小树林里露营，睡到半夜爬起来，又以急行军的速度接着前进。

当时，干部团各营营长、政委以上干部都配有马匹。然而，马都用来驮运伤病员了，连刘伯承也和大家一样徒步行进。每个人都在和闷热、饥渴、疲惫做搏斗。最终，先遣营克服重重困难，一昼夜强行军80公里，消灭了皎平渡两岸的敌人，控制了渡口。事后，刘伯承感叹道："干部团的同志怎么能一天走这么远的路呢？他们走到了，还打了胜仗，靠的是什么？靠觉悟，靠党。"干部团后梯队过江后，陈赓亲率两个营急行军，去夺取位于金沙江西岸20多公里处的通安州。

从江边到通安州，只有一条又陡又窄的山间小路，盘旋在悬崖峭壁上。有段路仅能容一人通过，一面临深谷，一面靠绝壁。敌军据险以密集火力射击，使得干部团前进受阻，形势严峻。陈赓沉着镇定，命令部队分路迂回，终于打垮了凭险据守的敌人，直插通安州，在城下与从西昌、会理赶来增援的1个旅敌军遭遇。狭路相逢勇者胜，为给身后数万红军打开一条生路，头戴钢盔、腰缠手榴弹的干部团官兵，将所有的步枪都上了刺刀，以一敌三，毫无畏惧。随着冲锋号声响起，干部团多路突击，远的枪打，近了刀捅，不远不近就扔手榴弹。经过艰苦激战，陈赓指挥干部团以少胜多，击溃了敌军，占领通安州，并俘敌团长以下600余人，声威大震。战后，干部团得到了中革军委的通令嘉奖，被人们称为“御林军”。

自此，川滇边一带的老百姓都知道“戴铁帽子”的红军厉害，说子弹像蝗虫一样飞也打不倒他们，简直就是刀枪不入。而川军一听到头戴钢盔的红军和那个“戴眼镜的司令”（陈赓），更是闻风丧胆，落荒而逃。

（标题为编者所拟，原题《刀锋淬火显英雄——陈赓是这样走过长征的》，文章有删节，选自《解放军报》2016年10月9日）

田汉：中国“戏剧魂”

◎ 苏叔阳

夏衍先生曾经说过：“田汉是现代的关汉卿，我私下把他叫作中国的‘戏剧魂’。”这并不是过誉，而是最准确、最公正的评价。

1898年3月12日，田汉生于湖南长沙县东乡田家塅茅坪一个贫苦农民家庭，原名寿昌，乳名和儿。这一年正是中国近代史上有名的“戊戌变法”之年。那位愿为变法第一个流血的谭嗣同，就是湖南浏阳的硬汉。6个月大的和儿，自然不会听见9月28日北京菜市口被斩首前谭嗣同慷慨的呐喊，但是谭嗣同改变祖国命运、拯救危亡的呼声，穿越时空，在少年田寿昌的心中回响。他永远记得谭嗣同在牢狱壁上的题诗：“望门投止思张俭，忍死须臾待杜根。我自横刀向天笑，去留肝胆两昆仑。”田汉永不泯灭的爱国情操和热烈如火、苦干到底的性格，其源有自，而湖南硬汉的精神，应是其一吧。

1927年8月，田汉应黎锦晖邀请受聘于上海艺术大学任文科主任。这是一家私立学校，校长周勤豪中饱私囊，让百十号学生连吃饭都成了问题。学生驱逐了周勤豪，选举田汉为校长。田汉大为感动，决心与学生们共度时艰。他邀请周信芳、高百岁、郁达夫、徐志摩、徐悲鸿、洪深、欧阳予倩、唐怀秋等各路文艺名家到校授课、座谈，后来又举行演出活动，名之曰“艺术鱼龙会”。龙者，各路名角，如周信芳、欧阳予倩等；鱼者，各位学生也。

“艺术鱼龙会”自1927年12月17日至23日进行演出。演出虽然在极为简陋的条件下进行，却获得了极大的成功，奠定了田汉和一批同志创立自己的艺术学院的志向。后来，他们脱离上海艺术大学，成立南国艺术学院，后又与南国电影剧社一并归入“南国社”，集合和培养出一大批中国现代戏剧运动和各种文艺的中坚力量，如陈白尘、吴作人等。田汉提出“民众的戏剧”这一口号，遂于1928年4月利用春假率学生们做了一次“团体的西征”。一批充满浪漫情怀和青春活力的年轻人，自比法国影片《情天血泪》中巴黎拉丁区的波希米亚穷艺术家，自称波希米亚人，因为“他们什么都有，只是没有金钱；他们什么都没有，就是只有勇气”，在被称为Drama King（戏剧之王）的“大孩子”田汉的率领下出发了。男生一律西装蓝绸领带，女生一律旗袍米色绸围巾，风华正茂的一群人，巡游在春风细雨翠绿的江南，演出颇为浪漫的新剧，这是多么令社会惊诧而又引无数青年心仪的举动啊。他们在夜晚没有灯光的陋室，睡地铺、吃粗食，却一个个意气风发，慷慨而愉快。他们搅动了西子湖的宁静，让那沉睡在湖底的爱恨情仇都骚动起来。他们演出的剧目大多是田汉的作品或译作：《苏州夜话》《父归》《未完成的杰作》。田汉还在钢板上用铁笔直接在蜡纸上刻写出《湖上的悲剧》，立即搬上舞台。在“走向民众”的口号下，杭州、苏州、南京都留下他们的足迹。他们还南下广州，甚至下乡到教育家陶行知先生办的晓庄师范学校去演出。在“我们的生活，马上就是我们的戏剧”的观念下，田汉正一天天直面现实。他的戏剧为广大的青年所喜爱。杭州、苏州、南京夜晚的街头，有一组组青年看戏归来，高声朗诵剧中那诗意盎然的台词，星月辉映，他们被艺术激荡的目光，正是中国话剧史初始阶段最辉煌的风景。

田汉的思想是深刻的。他早就在思考用什么形象作为中华民族的象征最合适，他想到了长城。

但是他总觉得单单一个长城，似乎还不能反映开始觉悟了的中华民族的群体形象。中国军队在长城上的抗战，虽然在悲怆中失利，却也鼓舞了中国的民心。物质的长城固然抵挡不住现代的飞机大炮，但长城上抗日烈士们的血肉之躯，似乎赋予了长城新的含义。中华民族已经开始铸造一条心中的长城，这条长城是万众一心、空前团结、同仇敌忾而形成的。中华民族的伦理道德要求我们“己所不欲，勿施于人”，主张“弱德之美”，从不主动攻击、侵略别的民族。而在国土沦丧、亡国灭种的危机面前，我们会以死抗争，这种抗争必然以胜利告终，所谓“哀兵必胜”者也。这是中华民族爱好和平的群体性格。不是我们主动地去战胜别人，而是“谁也不能把我们战胜”。于是，田汉的思考渐渐凝为“血肉”“长城”“最危险的时候”“最后的吼声”“万众一心”“炮火”“前进”这一系列的形象和理念。他在许多讲演中，许多作品中，不断丰富“长城”这个形象的新的内涵，终于在电影《风云儿女》的主题曲《义勇军进行曲》中将自己的思考完整地喷发而出。

这首歌，不但完成了一位爱国的、激情澎湃的浪漫诗人、戏剧家，向民族代言人、民族心声呼号者的彻底转化，而且为中华民族、所有华人后裔，树起了一座同一此心的语言和灵魂的不朽的纪念碑！

（文章有删节，选自《光明日报》2013年8月26日）

《百年风华》编选：龙昌黄

能以怀道为念，必存从理之心

◎［南朝宋］颜延之

颜延之（384—456），字延年，琅邪临沂（今属山东）人。南朝宋文坛领袖，与谢灵运、鲍照并称“元嘉三大家”。选文出自纪传体史书《宋书》，为颜氏家训《庭诰》片段。

习之所变亦大矣，岂唯蒸性染身，乃将移智易虑。故曰：“与善人居，如入芷兰之室，久而不知其芬。”与之化矣。“与不善人居，如入鲍鱼之肆，久而不知其臭。”[1]与之变矣。是以古人慎所与处。唯夫金真玉粹者，乃能尽而不污尔。故曰：“丹可灭而不能使无赤，石可毁而不可使无坚。”苟无丹石之性，必慎浸染之由。能以怀道为念，必存从理之心。道可怀而理可从，则不议贫，议所乐尔[2]。或云："贫何由乐？"此未求道意。道者，瞻富贵同贫贱，理固得而齐。自我丧之，未为通议[3]，苟议不丧，夫何不乐。

或曰，温饱之贵，所以荣生，饥寒在躬，空曰从道，取诸其身，将非笃论[4]，此又通理所用。凡养生之具，岂间定实，或以膏腴夭性，有以菽藿登年[5]。中散[6]云，所足在内，不由于外。是以称体而食，贫岁愈嗛[7]；量腹而炊，丰家余餐。非粒实息耗，意有盈虚尔。况心得优劣，身获仁富，明白入素，气志如神，虽十旬九饭，不能令饥，业席三属[8]，不能为寒。岂不信然。

（标题为编者所拟，选自《宋书》，中华书局，1974年10月）

---

[1] 语出《孔子家语·六本》。[2] 典出孔子赞弟子颜回语："一箪食，一瓢饮，在陋巷，人不堪其忧，回也不改其乐。贤哉，回也！"后演化为成语安贫乐道。[3] 通议：即通义，通究义理。[4] 笃论：确切、平正之论。[5] 登年：延年，长寿。[6] 中散：指嵇康，三国时期思想家、文学家，曾仕魏为中散大夫。[7] 嗛（qiè）：通"慊"，满足，快意。[8] 三属：指古代战士上身、髀部、胫部的铠甲相连以掩蔽全身。此处指遮体的衣服。

译文

习惯对人的影响很大，哪里只是改变你的性格和身体那么简单，还会改变你的智慧和思维。所以说："和品德贤良的人一同生活，如同进入栽满芷兰香草的庭院，待久了便感觉不到其芳香。"这是因为受到了它们的濡化。"和品德败坏的人一同生活，如同进入卖鲍鱼的店铺，时间长了便闻不到它的腥臭。"这也是因为被它同化了。因此，古人对待他们身处的环境和相处的人都十分谨慎。只有那些真诚若金、纯粹如玉的人，方能长久固守节操，不受污染。所以说："丹砂可以磨灭，却无法改变它赤红的本色；石头可以捣碎，却无法改变它坚硬的质地。"如果没有丹砂和石头一般的品性，务必小心那些可能污染你心智的因由。你若想做到胸怀道义，必须存有遵从天理的本心。心怀道义，遵从天理，便不会议论贫穷，而只会畅谈那些快乐的事情。有人也许会说："身陷贫困，哪还谈得上什么快乐？"这是不懂求道的本义。胸怀道德之人，不在意富贵或贫穷，因为遵从天理，所以对贫富等量齐观。丧失了自我的本心，就谈不上通究义理，倘若心怀义理，哪里还有不快乐的道理？

有人认为，温饱之所以可贵，是因为它能维持生命，人若饥寒在身，追随道义也是空谈，从人自身来讲，这并非定论，只是常理而已。不过，维持生命的东西，一定有好处吗？有的人饱食珍馐却短命早亡，有的人粗茶淡饭却能长寿延年。嵇康曾说，人活得充实与否取决于内心，不受外物左右。因此每个人都应根据自己的身体状况饮食，贫困的年岁里更要懂得满足；依照自己的饭量备餐，丰收的年岁则顿顿有余。温饱并不在于粮食消耗了多少，而在于内心的盈满或虚空。更何况人只要内心明辨是非，拥有正当、合法的财富，清白处世且意气自若，那么，即使百日九餐也不会感到饥饿，陋席蔽体也不会觉得寒冷。难道不是这样吗？

千秋评说

富与贵是人之所欲也，不以其道得之，不处也；贫与贱是人之所恶也，不以其道得之，不去也。君子去仁，恶乎成名？(《论语》)

居天下之广居，立天下之正位，行天下之大道。得志，与民由之；不得志，独行其道。(《孟子》)

博爱之谓仁，行而宜之之谓义，由是而之焉之谓道，足乎己，无待于外之谓德。（[唐]韩愈）

今人一得

让习惯向上向好

◎ 谭然

习惯的力量有多大？最近与一位当过乒乓球教练的朋友聊天，受益匪浅。他说，打比赛靠什么，当然靠头脑，每一场比赛都须有清晰的思路；也要靠腿脚，再高明的想法都要靠一个个技术动作来实现。而那些技术动作往往是习惯使然，什么时候上步搓球，什么时候后退拉球，哪个球要反手拧拉，哪个球要大角度变线，一般来不及细想就要拍起球落，几乎所有球都是在下意识的“指挥”下完成的。细想，这位教练的话还是很有道理的，大凡优秀的背后，无不是良好习惯使然。

不过，习惯是一个中性词，它能使善者益善，也可使恶者愈恶。鲁迅笔下的孔乙己“站着喝酒而穿长衫”，即使穷困潦倒仍是满口“之乎者也”，从不想通过劳作改变现状，这样的习惯就算不上什么雅好。而平时常见有些人说话骂骂咧咧、举止轻浮肆意之类，当属需要克服的毛病。在人的身上，总是好习惯与坏习惯并存。“一个人的天性不长成药草，就长成莠草，所以他应当时时灌溉前者而芟除后者。”弗兰西斯·培根把培养好习惯、克服坏习惯的必要性，讲得形象而深刻。

习惯从本质上讲是一种潜意识的反映，培养好习惯，就是用“有意识”对话“潜意识”，不断地芟除“莠草”、灌溉“药草”，使后者发芽、成长和壮大。马克思、恩格斯曾用“自在”和“自为”来表述无产阶级成长过程的两个阶段，“自在”阶段比较幼稚，还不了解自己的历史任务，“自为”阶段则成熟、自觉，具有了明确的使命感。他们指出，无产阶级要通过锻炼，逐步由“自在”走向“自为”。好习惯的养成，就是一个持续与“潜意识”交流，由“自在”向“自为”修炼的过程。

（文章有删节，选自《解放军报》2020年10月22日）

多读一点

始安太守颜延之

到过桂林的人都知道，桂林市中心有一座卓然独立的山峰，叫作独秀峰。这座鼎鼎大名的独秀峰，与南朝的大文豪颜延之有着密不可分的关联。

颜延之自幼好读书，天下文章无所不览。做了始安太守，公务之余，仍然手不释卷。独秀峰就离他办公的地方不远。有一天，他绕着独秀峰散步的时候，有了一个重大发现，他见南麓有一山洞，洞不大，却很奇特。洞内石窗、石床、石凳，皆自然天成，身处洞中，竟然“窗明几净”，加之清风徐来，精神大爽。颜太守心中这一喜，非同小可，立即派人清除周围的荆棘杂草。从此以后，颜延之便经常来到这清爽幽静的天然书室之中读书写作，困倦之时，小寐片刻，竟一时宠辱皆忘，其乐无极。后人就把这个山洞称作“颜公读书岩”。宋哲宗元祐五年（1090），桂州太守孙览，在旁刻下“颜公读书岩”五字。

颜延之又有感于独秀峰的卓尔不凡，兀然挺拔，一日灵感袭来，挥笔写下不朽诗篇：“未若独秀者，峨峨郛邑间。”把这名山的风姿神韵，写得栩栩如生。“嘉名之得，盖肇于此”，独秀峰的名字便由此而得。这是有记载的最早的描写桂林山水的诗篇。后世写独秀峰的诗句，少有能超过它的。

还值得一提的是，颜延之生活俭朴，治家极严。其子颜竣做了高官，时常以礼品孝敬父亲，“延之一无所受”，生活中“器服不改，宅宇如旧”，牛车出行，怡然自得。见颜竣身居高位，起居豪宅，对人傲慢无礼，便教训他说：你要好自为之，不要让后人笑你小人得志（善为之，无令后人笑汝拙也）。颜竣不听老人善言，后来果然下场悲惨。颜延之曾作《庭诰》以训诫子弟，对公私、德义、孝悌、赏罚、交友、饮酒等方面多有高见，是后世《颜氏家训》的重要思想来源。

桂林一带还有一个有趣的传说。说是颜延之离任北归时，用船载了一块长达三丈的桂林奇石回去。船过洞庭时，忽然雷雨大作，巨浪排空，小船眼看将要倾覆。可就是因有这块桂林奇石，小船方才渡尽劫波，平安无事。风雨过后，颜延之一看，巨石已无踪影。民间传说这块石头完成了它的使命之后，飞回了桂林，就是七星岩内那块著名的“飞来石”。这则民间传说，充分体现了桂林人民对这位古代郡守的敬仰与怀念。

（作者彭匈，文章有删节，选自《人事天地》2013年第5期）

游岳麓寺

◎［明］李东阳

李东阳（1447—1516），字宾之，号西涯。生于北京，祖籍茶陵（今属湖南）。政治家、文学家，茶陵诗派核心人物。选诗为其返乡游岳麓山时所作，意境开阔，含蓄深沉。

危峰高瞰楚江干，路在羊肠第几盘？
万树松杉双径合，四山风雨一僧寒。
平沙浅草连天远，落日孤城隔水看。
蓟北湘南俱入眼，鹧鸪声里独凭栏。

酒泉子·长忆观潮

◎［北宋］潘阆

潘阆（？—1009），字梦空，号逍遥子，大名（今属河北）人。他的创作遵循贾岛的“苦吟”传统，又不似贾岛等人作品的清奇僻苦，而是更倾向于自然率真，闲逸疏放。选词为其代表作，描写了钱塘江大潮的盛况。

长忆观潮，满郭人争江上望。来疑沧海尽成空，万面鼓声中。

弄潮儿向涛头立，手把红旗旗不湿。别来几向梦中看，梦觉尚心寒。

读节气

【谷雨花信】谷雨三候对应的花信是：一候牡丹，二候荼蘼，三候楝花。

《古典》编选：龙昌黄

念国难之日急，恨己身之蹉跎

◎ 王若飞

王若飞（1896—1946），贵州安顺人。1922年6月，在巴黎参与发起成立旅欧中国少年共产党。1923年加入中国共产党。1931年，他在内蒙古一带从事革命活动时不幸被捕，直到1937年方才获释。这封信是1933年王若飞在狱中写给表姐夫熊铭青的，展现了他乐观向上、坚忍不屈的博大胸襟。

铭兄：

岁尾年头，最易动人怀抱。况我今日处境，更觉百感烦心，念国难之日急，恨己身之蹉跎。冲天有志，奋飞无术。五更转侧，徒唤奈何！虽然楚囚对泣，惟弱者而后如此。至于我辈，只有隐忍以候。个人生命，早置度外。居狱中久，气血渐衰，皮肉虚浮，偶尔擦破，常致溃烂。盖缘长年不见日光，又日为阴湿秽浊所熏染。譬之楠梓豫章之木，置之厕所卑湿之地，亦将腐朽剥蚀也。又冬令天短，云常不开；又兼房为高墙所障，愈显阴黑，终日如在昏幕中，莫能细辨同号者面貌。人间地狱，信非虚语。有人谓矿工生活，是埋了没有死，大狱生活，是死了没有埋。交冬以来，吾日睡十四小时（狱规：晚六时即须就寝，直至翌晨八时天已大明方许坐起），真无殊长眠。当吾初入狱时，见一般老号友对于因之死者，毫无戚容，反谓“官司打好了”，深诧其无情。后乃知彼等心理皆以为与其活着慢慢受罪，反不如死爽快也。

以上琐琐叙述大狱生活，吾兄阅后，或将以为弟居此环境中，将如何哀伤痛苦，其实不然。弟只有忧时之心。一息尚存，终当努力奋斗。现时所受之苦难，早在预计之中，为工作过程所难免，绝不值什么伤痛也。因此弟之精神甚为健康，绝不效贾长沙（编者注：即贾谊）之痛哭流涕长太息，惟坚忍保持此健康之精神。如将来犹有容我为社会工作之机会，固属万幸，否则亦当求在狱能比较健康而死，弟并无丝毫悲观颓丧之念也。与吾同号者，尚有五人，彼等官司皆在十年以上，时常咨嗟太息，以为难望生出狱门，我尽力慰解彼等，导之有希望，导之识字读书，导之行乐开心（下棋唱歌），一面使彼等有生趣，一面使我每日的生活亦不空虚。当彼等诅咒此大狱生活时，我尝滑稽地取笑说："我们是世间最幸福的人。每天一点事不做，一点心不操，到时候有人来请睡，一睡就是十四点钟，早上有人来请起，饭做好了就请我们吃，难道还不够舒服么？"同时又叙述遭受天灾或兵灾区域难民的痛苦，冰天雪地中沙场战士的生活，我们较之，实已很舒服。自然任何人都愿在沙场争战而死，不愿享受大狱的舒服。吾之为此言，一面取笑，一面亦示人世间尚有其他痛苦存在，不可只看到自己也。即如吾兄现时之生活，想来亦必有许多难处，不过困难内容性质与弟完全不同耳。弟处逆境，与普通人不同处，即对于将来前途，非常乐观。这种乐观，并不因个人的生死或部分的失败、一时的顿挫，而有所动摇。弟现时所最难堪者，为闲与体之日现衰弱，恨不能死于战场耳！每日天将明时，枕上闻军营号声，不禁神魂飞越！

嗟乎！吾岂尚有重跃马于疆场之日乎？

一九三三年一月

（选自《红色家书》，江苏凤凰文艺出版社，2017年1月）

千秋评说

世治则愚者不能独乱，世乱则智者不能独治。身蹈于浊世之中，而责道之不行也，是犹两绊骐骥，而求其致千里也。（《淮南子》）

大丈夫生于乱世，当带三尺剑，立不世之功。（［明］罗贯中）

勇者愤怒，抽刃向更强者；怯者愤怒，却抽刃向更弱者。（鲁迅）

做一个革命乐观主义者

◎陈先达

在对待人生问题的诸多态度中，乐观主义、悲观主义、自然主义是主要的三种。

乐观主义是积极进取的。我们老祖宗在《周易大传》中说，“天行健，君子以自强不息”。这是一种支撑我们民族屡经磨难却能生息繁衍下来的深厚民族精神，也就是孟子所谓的“富贵不能淫，贫贱不能移，威武不能屈”的“大丈夫”气概。在古代士人眼中，一个人若有了这种精神或气概，是任何艰难险阻都能坦然面对的。

悲观主义是消极退让的。这种哲学带着有色的眼镜观察世界、观察事物：无人不可悲，无物不可悲，无事不可悲。现代西方的存在主义思潮，从本质上说也是一种悲观主义。在他们看来，“存在”本身就是一切烦恼、焦虑、痛苦的根源。

自然主义即主张清心寡欲，无所作为。这是我们的老祖宗庄子使用的方法。宠辱不惊，哀乐不入，顺其自然，安之若素，什么是非得失、功名利禄、生死富贵、寿长寿短都一样。天下万物，“自其异者视之，肝胆楚越也；自其同者视之，万物皆一也”。不过，这种“彼亦一是非，此亦一是非”，是非双谴，物我两忘的相对主义做法，虽能使人的心灵得到暂时解脱，但也可能使人从一种人生危机走入另一种人生危机，即跌入太虚幻境。

马克思主义者当然是乐观主义者，但不是通常意义上的乐观主义者，而是基于对客观规律的自觉认识和把握的刚健有为、百折不挠，是能忍受失败和痛苦的革命乐观主义者。毛泽东说过，不论在自然界和在社会上，一切新生力量，就其性质来说，从来就是不可战胜的。而一切旧势力，不管它们的数量如何庞大，总是要被消灭的。因此，我们可以藐视而且必须藐视人世遭逢的任何巨大的困难，把它们放在“不在话下”的位置。这就是我们的乐观主义。

无论事关革命前途还是个人境遇，革命者都是抱革命乐观主义态度的。有句老话叫作“天无绝人之路”，不过，是不是“绝路”，并不仅仅取决于“天”，“路”是人走出来的。逆潮流而动，违背人民的意愿，就是穷途末路。相反，就可以峰回路转，绝处逢生。个人前途是这样，社会发展也是这样。这就是革命乐观主义者的客观根据。

（文章有删节，选自《求是》2001年第23期）

多读一点

王若飞的自律与操守

1931年9月，受中国共产党驻共产国际代表团委派，王若飞化名黄敬斋回国领导西北地区的革命斗争，同年11月，因叛徒出卖在包头被捕，先后被关押于国民党归绥第一监狱、山西太原陆军监狱。被捕之时，为保护同志和党组织，王若飞将写有同志名单的纸片放进嘴里嚼烂。面对严刑拷打，他坦然应答："'招'字，早就从我的字典里抠去了。"

1936年，王若飞被转押山西，阎锡山派其亲信梁化之前往狱中劝降，承诺只要答应"合作"便可立刻出狱，王若飞回答："当我还戴着脚镣手铐的时候，我拒绝做任何有条件出狱的谈判。至于我出狱后是否和你们合作，这不是我个人的问题，作为一名共产党员，我只能服从我们党的组织决定，不能拿个人生死利害和你们进行交易。"全面抗战爆发前夕，阎锡山接受我党统一战线主张，中共中央北方局派薄一波以共产党员身份前往山西进行抗日救亡宣传组织工作，伺机营救狱中的王若飞等同志。当薄一波出现在王若飞的囚室，王若飞高度警惕，要求他带来党的文件以做证明，经数次交谈考察，方才予以信任。

得知自己即将无条件出狱，王若飞主动要求党组织对自己进行审查："我在狱里住了五六年，很希望党对我的一切进行全面审查，得出结论。

你能不能找个我认识的人，到这里来证实一下，以免将来有旁的什么问题发生。”应其要求，中共中央北方局派人赶到太原，在监狱里和王若飞见面，并通过与狱中同志的谈话和查看档案，证明王若飞在狱中的真实表现，王若飞这才跨出了监狱的大门。为留住王若飞，阎锡山拿出了“礼贤下士”的各种手段，被王若飞一一推辞：“我只有回到延安，才能接受我党中央分配给我的工作。在此之前，我不能做任何考虑。”王若飞准备启程回延安时，阎锡山又派人送来2000块法币做路费，也被王若飞婉言谢绝。时刻牢记组织纪律，无论何时何地均严格约束自己，真正做到了“个人干净”，这既是王若飞对自己共产党员身份的高度认同，也是这位久经考验的革命者原则性、纪律性的充分体现，完美诠释了共产党员的自律与操守。

（标题为编者所拟，原题《王若飞：忠诚干净担当的革命家》，作者冯建玫，文章有删节，选自《学习时报》2018年6月18日）

溪

◎ 陆蠡

陆蠡（1908—1942），浙江天台人，翻译家、散文家。20世纪30年代初在福建泉州中学任教时开始文学创作，后到上海文化生活出版社（原名文化生活社）任编辑。抗日战争全面爆发后，上海沦陷，他仍留守文化生活出版社，坚持救亡宣传，于1942年不幸被日本宪兵队杀害。

你说你是志在于山，而我则不忘情于水。山黛虽则是那么浑厚、淳朴、笨拙，呆然若愚，有仁者之风，而水则是更温柔，更明洁，更活泼，更有韵致，更妩媚可亲，是智者所喜的。我甚至于爱沐在水底的一颗颗圆洁的卵石，在静止的潭底里的往往长着毛茸茸的绿苔，在急湍的浅滩中的则被水摩挲得仅剩一层黄褐色的皮衣，阳光透过深浅不一的水层，投射在磊磊不平的石面，反映出闪动的金黄色的光圈。一粒之石岂不能看出整座的山岳来吗？卵石与粒沙孰大？山岳与世界孰小？倘能参悟这无关宏旨的微义，将不会怪我故作惊人之语了。“给我一块石，便可以造出整个的山来”，也不过是一句老话的脱胎。

不知你有否打着赤足渡过一条汩汩小溪的经验？你的眼睛须得望着前面的一个目标，一株柳树或是一个柴堆。假使你褰着衣裳呢，则两手便失却保持平衡的功用了。脚下的卵石又坚硬，又滑，走平路时落地的总是趾和踵，足心是娇养惯的，现在接触上这滑硬的石子，不好说痛，又不好说痒，自然而然便足趾拳曲拢来，想要缩回。眼光自动地离开前面的目标，移到滔滔流逝的水面，仿佛地在脚下奔驰，感到一阵晕眩。此时你刚走过小溪的一半，水淹没了半条腿的样子，挟着速度的水流从侧面一阵推荡，你便会冷不防地被冲倒。等你站直身子来，已襦裳尽湿了。

我初次爱水有甚于山的时候，是在我游罢归来之后。自从泛迹彭蠡，五湖于我毫无介恋，故乡的山水乃如蛇啮于心，萦回于我的记忆中了。我在别处所看到的大都是莽莽的平原，难得有一块出奇的山。湖沼是有的，那是如妇人在晓妆时被懒欠呵昙了的镜，或如净下一脸脂粉的盆中的水，暗蒙而厚腻的；河流也见得很多，每每是黄，或者发黑，边上浮着朱门里倾倒出来的鱼片、肉片、菜片，如同酒徒呕出来的唾沫。我如怀恋母亲似的惦记起故乡的山水了。我披着四月的雾，沐着五月的雨，栉着八月的风，踏着腊月的霜，急急忙忙到这溪边来。倘使我做了大官回来，则挂冠之后，辟芜芟秽，葺舍书读于山涯水涯，岂不清高之至！而我往来只是一条穷身，所以冒清早背着手来望这一片捣衣了。

人每每有溯源穷流的爱好，这探索的德性我颇重视。你问这溪流源出自什么地方，这事我恰恰知道。我在很小的时候开始用“呜呼”起头做作文的时候便知道了。那是一位花白胡须的先生告诉我的。我以后也没有去翻考县志通志，所以我知道的只限于此。我讨厌别人背诵着县志里的典故和诗词，我也不看名人壁上的题句，我不愿浪费我的强记。你该以我回答你的问题为满足了。这溪流发源于鹧鸪山，用这多啼的鸟命山，是落入宋人风格的，则此山的命名肇于宋代可知。那也该在南迁之后。则我的祖先耕牧于这山水之间，已八百年于兹了。

（文章有删节，选自《陆蠡散文选集》，百花文艺出版社，2009年6月）

千秋评说

居近而识远，处今而知古，其唯学乎！（［隋］王通）

水有源，故其流不穷；木有根，故其生不穷。（［南宋］胡宏）

有限里就含着无尽，每一段生活里潜伏着生命的整个与永久。每一刹那都须消逝，每一刹那即是无尽，即是永久。（宗白华）

乐水情怀

◎ 李必胜

生命如泉，人生若河。水是小世界、小载体，却蕴含着人生的大境界。水是一位自由的探寻者，乐达奔放，轻盈无拘，随遇随缘。给其宽广，它就浩瀚；使其居高，它便挥洒。进方成块，入柱为圆。水也是一位执着的寻根人，它只按自己的意愿选择前行的方向，越险跨阻，千里踏勘，最后在海的怀抱中消失自我，实现升华。

水的秉性与品质，以及其中包容的深邃的思想，使人们经常发出由衷的感叹，人们正是经常在对水的品味中思索着自身与社会的重大问题，使一些原本古奥难明的道理变得浅显易懂，如顺与逆、堵与疏、此涯与彼岸、载舟与覆舟的关系，滴水穿石的毅力、涓流成河的凝聚力、高山流水的亲和力，等等。人们正是在对这些问题的不懈探索中，一次次提升、冶炼着自己的思想与精神。两千多年前，孔老夫子在奔涌的河边，感受到了岁月的更替、时光的流逝，发出“逝者如斯夫”的感叹。两千多年后，一代伟人毛泽东把孔子的话原封不动地引进了自己的豪迈词作，借以抒发内心“只争朝夕”的革命情怀。他俩的不约而同，绝非一种偶然，而是反映出人类精神智慧与水的密切关系。一切生命最初源自水中，因而一切生命内在都有恋水的情结。这情结有时并不完全出于生存的需要，而可能是为了抚慰心灵。

人类的祖先就好择河临水而居，人类文明史的大部分篇章，就是以江河为墨挥写的历史，撩开历史的帷角，可以阅读到许多各色形态人种的区域文明因河而兴、因河而废的故事。我总在想，欧阳修为什么会那般钟情于山水，而后人怎么会把他的《醉翁亭记》当作圣文拜读，其陶醉程度甚至有过之而无不及，莫非人们从山水之间看到了自己的影子？高山仰止，水多变幻。庄严的山代表着坚定的意志和不可抗拒的力量，变幻的水象征着高深莫测的智慧。因此，可以说，力量山，智慧水。这样讲，并不意味着水就体现不出力量。水如果改变了常态，人们就能认识到什么叫排江倒海、擎天巨澜。水若被加压到一定程度，就可以自如地切割钢板。如此看来，力量未必包含智慧，但智慧里一定存在力量。江河不废，人文不死。

流水自然，嘤嘤成韵。

（文章有删改，选自《心香高起》，合肥工业大学出版社，2013年12月）

多读一点

陆蠡威武不屈

陆蠡原名陆圣泉，为人刚毅耿直，从学生时代起就表现出了强烈的责任心和凛然正气。他就读于杭州之江大学时，冬天天冷，有同学在寝室里生火取暖，一不小心把木地板烧焦了。校方闻讯，派人前来调查责任者，陆蠡认为自己也是受益人，主动站出来承担了所有责任。生火的同学被保全了，可是陆蠡自己却被退了学。后来，陆蠡转到上海劳动大学工学院机械工程系就读，毕业后，精通英语、法语的陆蠡，到福建泉州任中学教员。

1935年，巴金出任上海文化生活社的总编辑，27岁的陆蠡应邀前往上海，到文化生活社担任编辑，并与巴金等人分译了屠格涅夫的小说《罗亭》和《烟》，和巴金结下了深厚的友谊。全面抗战爆发后，巴金前往西南后方，陆蠡留在上海主持文化生活社的工作。对于战争所带来的巨大灾难和国家的危急形势，深感悲怆沉痛的陆蠡，以笔为枪，写出了一系列慷慨激昂的文字，表现出了强烈的民族正气。

沦陷后的上海，日伪横行，陆蠡坚守在岗位上，广泛联系各方进步人士。有个身在重庆后方的作家靳以，用3年时间写作了一部45万字的抗日救亡小说《前夕》，由于重庆的印刷出版条件太差，靳以抱着试一试的态度，写信给陆蠡，询问在上海出版的可能性。陆蠡马上答应了下来，并亲自为小说设计了封面。深受鼓舞的靳以发动亲友誊抄书稿，采取化整为零的方式，分成200多封航空信将书稿寄到上海。陆蠡边编辑边排稿印刷，前后花了1年时间，将这部2册的小说印刷出版，并源源不断地发往西南后方。在战争血与火的交织之中，文化生活社渐渐引起了日本人的注意，该社寄售在上海多家书店里的抗日图书多次被日本人查封。

1942年4月13日，一批发往西南后方的抗日图书在途中被日本人查扣，宪兵队追踪到上海，查抄了文化生活社，抓走了2名员工，并拉走了数万册存书。新婚燕尔，尚在蜜月之中的陆蠡这天恰好外出，不在社里，回来后闻听此事，家人和朋友都劝他赶紧躲起来。可是陆蠡认为自己是文化生活社的负责人，在危急存亡之际更应该挺身而出。不顾亲友的苦劝反对，陆蠡只身前往巡捕房找敌人理论，想要追回被查封的图书。这种自投罗网式的举动，大大出乎巡捕和日本宪兵的意料。在陆蠡被投进监狱后，据曾与陆蠡同监牢的狱友回忆，日本宪兵在审讯陆蠡时引诱性地问："你爱不爱国？"陆蠡毫不犹豫地答道："爱国！""你拥不拥护南京的汪精卫政府？""绝不拥护。汪精卫是大汉奸！""'大东亚圣战'能不能取得胜利？""日本必败！"日本人大怒，对陆蠡采用了各种惨绝人寰的酷刑，可是每次都得到同样的回答。陆蠡对狱友说："我不能在敌人面前贪生怕死，说一句违背良心的话。"在被捕4个月后，始终坚持爱国抗日立场，铁骨铮铮的陆蠡死于日本人的严刑拷打之下，年仅34岁。

（标题为编者所拟，原题《威武不能屈的陆蠡》，作者陶琦，文章有删节，选自《贵州政协报》2007年11月21日）

英雄不朽

◎［法］罗曼·罗兰

傅雷　译

罗曼·罗兰（1866—1944）曾说过："世上只有一种真正的英雄主义，那就是认清生活的真相后依然热爱生活。"这位思想家、文学家、社会活动家一生都在为争取人类自由、民主与光明进行不屈斗争。

我们周围的空气多沉重。老大的欧罗巴[1]在重浊与腐败的气氛中昏迷不醒。鄙俗的物质主义镇压着思想，阻挠着政府与个人的行动。社会在乖巧卑下的自私自利中窒息而死，人类喘不过气来——打开窗子吧！让自由的空气重新进来！呼吸一下英雄们的气息。

人生是艰苦的。在不甘于平庸凡俗的人，那是一场无休无止的斗争，往往是悲惨的，没有光华的，没有幸福的，在孤独与静寂中展开的斗争。贫穷，日常的烦虑，沉重与愚蠢的劳作，压在他们身上，无益地消耗着他们的精力，没有希望，没有一道欢乐之光，大多数还彼此隔离着，连对患难中的弟兄们一援手的安慰都没有。他们不知道彼此的存在。他们只能依靠自己，可是有时连最强的人都不免在苦难中蹉跎。他们求助，求一个朋友。

为了援助他们，我才在他们周围集合一班英雄的友人，一班为了善而受苦的伟大的心灵。并且实际上谁又不是受难者呢？让我们把神圣的苦痛的油膏，献给苦痛的人吧！我们在战斗中不是孤军。世界的黑暗，受着神光烛照。即是今日，在我们近旁，我们也看到闪耀着两朵最纯洁的火焰，正义与自由：毕加大佐和蒲尔民族[2]。即使他们不曾把浓密的黑暗一扫而空，至少他们在一闪之下已给我们指点了大路。跟着他们走吧，跟着那些散在各个国家、各个时代，孤独奋斗的人走吧。让我们来摧毁时间的阻隔，使英雄的种族再生。

我们称为英雄的，并非以思想或强力称雄的

人，而只是靠心灵而伟大的人。好似他们之中最伟大的一个，就是我们要叙述他的生涯的人所说的："除了仁慈以外，我不承认还有什么优越的标记。"没有伟大的品格，就没有伟大的人，甚至也没有伟大的艺术家、伟大的行动者。所有的空虚的偶像，时间会把他们一齐摧毁。成败又有什么相干？主要是成为伟大，而非显得伟大。

或是悲惨的命运，把他们的灵魂在肉体与精神的苦难中磨折，在贫困与疾病的铁砧上锻炼；或是目击同胞受着无名的羞辱与劫难，而生活为之戕害，内心为之碎裂，他们永远过着磨难的日子。他们固然由于毅力而伟大，可是也由于灾患而伟大。所以，不幸的人啊！切勿过于怨叹，人类中最优秀的和你们同在。汲取他们的勇气做我们的养料吧；倘使我们太弱，就把我们的头枕在他们的膝上休息一会吧。他们会安慰我们。在这些神圣的心灵中，有一股清明的力和强烈的爱，像激流一般飞涌出来。甚至无须探询他们的作品或倾听他们的声音，就在他们的眼里，他们的行述里，即可看到，生命从没像处于患难时那么伟大，那么丰满，那么幸福。

（标题为编者所拟，文章有删节，选自《名人传》，译林出版社，2018年10月）

[1] 欧罗巴是希腊神话中的腓尼基公主，被爱慕她的宙斯带往了另一个大陆，后来这个大陆被取名为欧罗巴，即现今的欧洲。[2] 毕加大佐现译为皮卡尔上校，他曾因秉公执法、仗义执言被调职，作者以之代表正义的火焰。蒲尔民族是指南非好望角一带的荷兰人，他们追求独立自由，作者以之代表自由的火焰。

千秋评说

民族也好，个人也好，他们的效能应该得之于伟大的情操。人民的情操就是他们的信仰。（［法］巴尔扎克）

英雄并不比一般人更勇敢，差别仅在于，他的勇气多维持了五分钟而已。（［美］爱默生）

英雄不是点燃的蜡烛，而是一束纯净的阳

光。蜡烛有燃尽的时候，而英雄的精神将会永存。（［俄］莱蒙托夫）

今人一得

重思英雄史观

◎ 吴宏政

说英雄主义，谁是英雄？捷克作家伏契克曾经这样说过："英雄，就是这样一个人，他在决定性关头做了为人类社会的利益所需要做的事。"然而在马克思主义思想出现以前，人们对英雄历史地位的理解，大多是英雄创造历史的英雄史观。

英雄史观否认人民群众在创造历史上的作用，否认非杰出人物对创造历史的重要意义，把极个别的英雄、杰出人物，看成是历史的创造者。主观唯心主义者认为，少数英雄人物和帝王将相的意志、品格、行为决定历史的发展走向。

他们认为广大的人民群众，不过是英雄人物的盲目追随者，是无条件服从的、消极的、被动的“惰性物质”。正如中国近代资产阶级思想家梁启超先生所说：“历史者，英雄之舞台也，舍英雄几无历史。”历史即是英雄的舞台，由之大展英彩，可由之兴，由之灭，但若没有英雄人物，便也没有了历史。在他看来，英雄人物“心理之动进稍易其轨，而全部历史可以改观”，帝王将相的一个抉择，可以在旦夕间改变一个人、一个家，抑或一个国。

直到马克思主义思想出现，才把广大人民群众与创造历史联系起来。英雄史观是靠夸大个人的主观能动性，把人类的历史看作个别杰出的人物创造的，而否认了广大人民群众的地位。不可否认，历史上的英雄人物对历史发展的具体事件，在某个时间节点上起着一定的作用，甚至对历史事件的进程和结局产生决定性的影响，但可以肯定的是，英雄人物和特定的历史事件并不能决定历史发展的总体趋势。马克思主义认为广大人民群众才是历史的创造者，这也是马克思主义历史观与神创造历史、英雄创造历史、观念创造历史等唯心史观的根本区别。唯物主义史观并不是单纯地否认英雄创造历史，阐述“人”创造历史，而是更深入地探讨群体与历史、个体与历史的关系，进而确定创造历史中的决定力量与非决定力量、主导力量与非主导力量。“人民群众是历史的创造者”思想为无产阶级历史使命提供了理论前提，马克思主义把人民群众看作一个历史范畴，人民群众是一切对社会历史起着推动作用的人的总和。

（文章有删节，选自《中国智慧》，辽宁人民出版社，2019年5月）

多读一点

鲁迅与罗曼·罗兰的跨国友谊

1925年的一天，在瑞士莱芒湖畔的别墅里，罗曼·罗兰收到了中国留学生敬隐渔寄自法国里昂的一封信和一部敬隐渔翻译的鲁迅先生《阿Q正传》译稿。在信中，敬隐渔向他提到了一位中国作家的名字——鲁迅，说他是中国最著名的作家之一，是典范英勇的“反抗志士”。罗曼·罗兰和许多中国留学生都有交往，但这位敬隐渔给他留下的印象最深。敬隐渔早在中国时，便因翻译《约翰·克利斯朵夫》和罗曼·罗兰有过书信往来。他那流利的法语曾使罗曼·罗兰误以为他在法国生活过。

对敬隐渔的赏识、对中国这个国度的关怀，让罗曼·罗兰迫不及待地捧起了这部小说。阅读中，罗曼·罗兰已深深感觉到他阅读的兴奋点完全被这篇小说的作者点燃了。那深邃的思想、幽默的语言和高超的技巧使这位大师震颤不已。这位快60岁的老人再也按捺不住内心的激动和欣喜，他多么希望立刻让法国人民结识这位东方的大师，让法国读者享受这美妙的作品。他想到了他的老朋友《欧罗巴》杂志社的负责人巴扎尔热特先生。几天以后，他的推荐信便躺在了巴扎尔热特的桌子上。

1926年初，《欧罗巴》杂志分两次刊登了鲁迅先生的《阿Q正传》。鲁迅先生得知此事后，对于敬隐渔翻译他的小说并推荐给罗曼·罗兰，一直心存感激。

1926年2月20日，鲁迅也收到了敬隐渔寄自里昂的一封信。在这封信里，敬隐渔告诉鲁迅，罗曼·罗兰的六十寿辰即将到来，希望鲁迅能将国内所有关于罗曼·罗兰的稿件寄与他，同时恳请鲁迅及其同仁精印一本《罗曼·罗兰专号》转给他。

接到敬隐渔的信后，鲁迅先生便立即着手翻译由日本评论家中泽临川、生田长江合写的《罗曼·罗兰的真勇主义》，发表在4月25日出版的《莽原》半月刊第七、八期合刊的《罗曼·罗兰专号》上。这不仅仅是出于对罗曼·罗兰的回报，更重要的是，鲁迅先生要向中国的读者更多地介绍罗曼·罗兰，让更多的人了解罗曼·罗兰。

1932年初，鲁迅接到一封寄自美国的信，信中邀请鲁迅参加约翰·李特俱乐部。当鲁迅得知罗曼·罗兰、高尔基同为俱乐部主席团名誉会员时，他欣然同意参加这一普罗文化的促进发展组织。1936年10月，鲁迅先生病逝。鲁迅和罗曼·罗兰终生没有见面，但相知何必曾相逢？有了《阿Q正传》法译本的刊出，有了《罗曼·罗兰专号》的刊出，有了他们共同为之奋斗的普罗文化事业，其他的一切便不再重要了。

（作者江舟，文章有删节，选自《张家界日报》2021年5月31日）

读民俗

【食香椿】香椿又叫作椿芽、香椿头。民谚曰："雨前香椿嫩如丝。"谷雨时的香椿，新芽初绽，紫红的肥叶泛着嫩绿，油亮厚实，散发出特有的清香。人们采来香椿，或炒或拌或做汤，吃得津津有味。明末清初美食家李渔赞曰："菜能芬人齿颊者，香椿头是也。"

饥饿是很好的锻炼

◎［美］海明威

吴岳添　译

20世纪20年代，海明威（1899—1961）以驻欧记者身份旅居巴黎，将当时的所见所闻汇聚成散文集《流动的盛宴》，书中的经典名句“巴黎是一席流动的盛宴”更是成为巴黎的“文化名片”，广为流传。

如果你在巴黎吃得不够多的话，会很容易感到饥饿，因为街上烘焙店的橱窗里摆满了诱人的食物，而且人们喜欢在外面的桌子上或人行道边吃东西，你经过的时候难免会看到人们享用他们的食物，闻到食物散发的香味。当你放弃了新闻业，创作着任何一个美国人都不会去买的作品，或向家人描述你在外面跟某人一起享用的一顿午餐时，最好的去处就是卢森堡公园，因为在那里，从天文台广场到伏吉拉尔街，你不会看到任何的食物，不会闻到食物的香气。当你饥肠辘辘，肚子空空如也的时候，你应该去卢森堡博物馆，那里所有的画作都会变得更加生动、更加清晰、更加美丽。我学会更深刻地理解塞尚，真正看清楚他是怎样进行风景画创作的，正是在我饥饿的时候。我曾经怀疑他在作画的时候是不是也感到饥饿，但我想他可能只是忘记吃东西而已。当你失眠或饥饿的时候，你就会产生一些这样毫无根据但又发人深省的想法。后来我想，塞尚的饥饿很可能是一种不同形式的饥饿。

从卢森堡公园出来后，你可以沿着窄小的费列罗街一直走到圣许毕斯教堂。那里也没有餐厅，只有安静的广场，还有广场上的长凳和树木。广场上有个狮子喷泉，还有时而信步在人行道上，时而飞落到那些主教雕塑上的鸽子。广场的北边还有几家卖宗教用品的商店。

从广场出来，如果你继续往河的方向走，那么就难免经过出售水果、蔬菜、葡萄酒或面包的商店了。但是只要你认真选择路线，向右拐到那座用白色石头筑起的教堂，来到奥德翁街，再向右朝西尔维娅的书店走，这样一路上你就能避免经过太多有食物出售的地方了。奥德翁街上没有一处吃饭的地方，直到你走到广场上的时候才能看到三家餐厅。

等你到达奥德翁街12号时，你就会感觉没那么饿了，但此时你所有的感觉却又加强了。那里悬挂的照片看上去不同了，你会看到你以前从来没有看到过的书。

当你不得不在食物方面节省的时候，你就需要更好地控制自己，只有那样你才不会产生许多由饥饿引发的想法。饥饿是很好的锻炼，你可以从中学到很多东西。只要别人不懂得这个道理，那么你就先于他们一步了。哦，当然，我想是我太先人一步了，以至于有时候我都买不起吃的了。被他们追上一点也不是什么坏事。

如果我为了能够填饱肚子而去写作的话，那就太混蛋了。当我不得不开始写小说的时候，写作就是我唯一可以做的事了，我没有其他的退路。让压力来得更猛烈些吧。与此同时，我要用我最熟悉的题材写一篇小说。

我坐在一个角落里，打开笔记本开始写起

来，午后的阳光打在我的肩膀上。侍者给我端上来一杯奶油咖啡，等它凉一点的时候我一口气喝掉一半，剩下另一半放在桌子上。当我停下笔的时候，我还不想离开书中的那条河，我可以看到水塘中的鲑鱼，河水在桥墩的阻力之下微微打转起伏。

（文章有删节，选自《饥饿是很好的锻炼——海明威散文选》，江苏文艺出版社，2013年5月）

千秋评说

高飞之鸟，死于美食；深泉之鱼，死于芳饵。（《吴越春秋》）

困难与折磨对于人来说，是一把打向坯料的锤，打掉的应是脆弱的铁屑，锻成的将是锋利的钢刀。（［俄］契诃夫）

顺境使我们的精力闲散无用，使我们感觉不到自己的力量，但是障碍却唤醒这种力量，让我们加以运用。（［英］休谟）

适度饥饿

◎ 林东林

老话常说，要想小儿安，三分饥与寒。你会说那是一种苦难式的养育，在苦难中才能学会生存。我想说的是，那其实更接近一种本能的养成，常在饥与寒中，你才不会丢掉本能。

譬如动物，因为没有食物的储备，动物的生存是艰难的，每一餐饭都要靠搏斗和撕咬，在胜利之后才能填饱肚子。饥饿是它们内驱的动力，使它们为每一次进攻做准备。人类有余粮，然而老人们依然说，半饥半饱日子长。这个长，不单是指节约俭省可以长久，也是在说我们的身体，在机能上需要保持半饥饿的状态，这种半饥半饱是进取的本能，是征伐前的枕戈待旦。

今天的人们，在这个物质生产异常发达的时

代已经不会饿了。这个不饿有两个意思，一个是在客观上缺少饥饿的感受和经历，属于人生经验上的先天不足；另一个是在主观上不愿意饥饿，每顿不是吃得饱就是吃撑了，从来不会饿肚子，不会在饮食上有所节制。

孔子说：“饭疏食饮水，曲肱而枕之，乐亦在其中矣。”然而人类却总想超脱，炼丹求仙，让自己置身于温饱之外，从不愿去体味饥饿和饱暖、干渴和畅饮，去回到简单的本能中。

不会饥饿的人，正在把不会饥饿迁移到很多方面。不单单是对睡觉缺少饥饿，对知识也缺少，对爱好也缺少，对运动也缺少，对成就也缺少，对爱情也缺少，丧失了本能上的进取。老子说：“五色令人目盲，五音令人耳聋，五味令人口爽。”我们的馋，不但在身体上被喂饱了，在精神上也被喂饱了，已经跋山涉水、尝遍美食，在意识深处找不到能开拓的江山了。

我们不单欠缺劳累和饥饿，更对饥饿缺少一种饥饿，同时也学不会饥饿了，这是比饥饿更可怕的。只有学会饥饿，才能在身体和精神深处找到新的河山，酝酿新的披荆斩棘。

（标题为编者所拟，原题《学会饥饿》，文章有删改，选自《身体的乡愁》，译林出版社，2016年6月）

多读一点

海明威："巴黎是一个节日"

年轻时，海明威从大洋彼岸来到欧土旧大陆，游历意大利、西班牙、瑞士、奥地利，而印象最深的是法国的启蒙城巴黎，在彼留下惊人之语："巴黎是一个节日！"凭此种印象，他在1954年一次非洲空难幸存下来后，立意写一部"巴黎回忆录"，于1957年夏天动手，1960年春大致成书，称为"巴黎拾趣"。可是，1961年7月，他尚未按初衷拟出序言和跋，甚至还没有确定书名，就撒手人寰了。海明威死后，他的第四任，也是最后一任妻子玛丽精心整理故人留下的打字稿和注释，写了一篇卷首语，于1964年首次将书公开发表，依逝者的遗愿定名为《巴黎是一个节日》。

海明威深怀巴黎情结，抒发心曲："在巴黎，我们像空气一般自由。"涉及文学创作，他说："在巴黎的岁月，是我文学生涯的开始。我不仅从自身的体验，而且从朋友、从所有到彼时为止结识或者相遇而过的人那里汲取灵感。尽管后者都不是作家。"这样，海明威不仅在巴黎写出了自己的成名作《太阳照常升起》和《春日激流》，而且他的不少作品里都有巴黎的声影。

巴黎第二区，大歌剧院街与和平街之间的铎汝街5号，有一家"哈里酒吧"，因美国影星丽塔·海华斯和亨弗莱·鲍嘉光临、介绍，格什温在此谱出《一个美国人在巴黎》而名播遐迩。20世纪20年代，这儿曾是侨居法国京城的一批美国作家会聚的娱乐场所。海明威夫妇常跟意象派诗人埃兹拉·庞德、作家舍伍德·安德森等在此消遣。《巴黎是一个节日》里有多处相关记载。海明威对庞德印象极佳，称他是"最慷慨无私的作家"，直呼其名"埃兹拉"，还特别称赞庞德夫人的美貌，欣赏其绘画，两家人在巴黎过从甚密。他谈到自己配合庞德帮助境况拮据的T.S.艾略特，说：“埃兹拉和我总找机会去给艾略特戴桂冠。我知道在什么地方能觅到非常漂亮的月桂枝叶，骑自行车跑一趟就行了。每当艾略特感到孤寂，或者埃兹拉审读完一部像《荒原》那样气概非凡的诗稿后，我俩都要一同去给他慰藉，加个冠冕。”

说到“垮掉的一代”这个奇特的标签，它恰缘于海明威在巴黎的岁月。在《巴黎是一个节日》中，海明威谈到自己在巴黎会见现代派文学先驱詹姆斯·乔伊斯、爱尔兰诗人艾耐斯特·瓦勒什等诸多名流的细节，其中有美国女作家格特鲁德·斯泰因。正是后者执意给海明威贴上了“垮掉的一代”的标签，由此扩展为美国现代文学一个流派的称号。

（作者沈大力，文章有删节，选自《中华读书报》2016年3月16日）

妈妈，稻子熟了

◎ 袁隆平

袁隆平（1930—2021），江西德安人，“杂交水稻之父”、“共和国勋章”获得者、中国工程院院士。

稻子熟了，妈妈，我来看您了。

本来想一个人静静地陪您说会话，安江的乡亲们实在是太热情了，天这么热，他们还一直陪着，谢谢他们了。

妈妈，您在安江，我在长沙，隔得很远很远。我在梦里总是想着您，想着安江这个地方。

人事难料啊，您这样一位习惯了繁华都市的大家闺秀，最后竟会永远留在这么一个偏远的小山村。还记得吗？1957年，我要从重庆的大学分配到这儿，是您陪着我，脸贴着地图，手指顺着密密麻麻的细线，找了很久，才找到地图上这么一个小点点。当时您叹了口气说：“孩子，你到那儿，是要吃苦的呀……”我说:“我年轻，我还有一把小提琴。”没想到的是，为了我，为了帮我带小孩，把您也拖到了安江。最后，受累吃苦的，是妈妈您哪！您哪里走得惯乡间的田埂！我总记得，每次都要小孙孙牵着您的手，您才敢走过屋前屋后的田间小道。

安江是我的一切，我却忘了，对一辈子都生活在大城市里的您来说，70岁了，一切还要重新来适应。我从来没有问过您有什么难处，我总以为会有时间的，会有时间的，等我闲一点一定好好地陪陪您……哪想到，直到您走的时候，我还在长沙忙着开会。那天正好是中秋节，全国的同行都来了，搞杂交水稻不容易啊，我又是召集人，怎么着也得陪大家过这个节啊，只是儿子永远亏欠妈妈您了……其实我知道，那个时候已经是您的最后时刻。我总盼望着妈妈您能多撑两天。谁知道，即便是天不亮就往安江赶，我还是没能见上妈妈您最后一面。

太晚了，一切都太晚了，我真的好后悔。妈妈，当时您一定等了我很久，盼了我很长，您一定有很多话要对儿子说，有很多事要交代。可我怎么就那么糊涂呢！这么多年，为什么我就不能少下一次田，少做一次实验，少出一天差，坐下来静静地好好陪陪您，哪怕……哪怕就一次。

妈妈，每当我的研究取得成果，每当我在国际讲坛上谈笑风生，每当我接过一座又一座奖杯，我总是对人说，这辈子对我影响最深的人就是妈妈您啊！无法想象，没有您的英语启蒙，在一片闭塞中，我怎么能够阅读世界上最先进的科学文献，用超越那个时代的视野，去寻访遗传学大师孟德尔和摩尔根？无法想象，在颠沛流离的岁月中，从北平到汉口，从桃源到重庆，没有您的执着和鼓励，我怎么能获得系统的现代教育，获得在大江大河中自由翱翔的胆识？无法想象，没有您在摇篮前跟我讲尼采，讲这位昂扬着生命力、意志力的伟大哲人，我怎么能够在千百次的失败中坚信，必然有一粒种子可以使万千民众告别饥饿？他们说，我用一粒种子改变了世界。我知道，这粒种子，是妈妈您在我幼年时种下的！

稻子熟了，妈妈，您能闻到吗？安江可好？

那里的田埂是不是还留着熟悉的欢笑？隔着21年的时光，我依稀看见，小孙孙牵着您的手，走过稻浪的背影。我还要告诉您，一辈子没有耕种过的母亲，稻芒划过手掌，稻草在场上堆积成垛，谷子在阳光中毕剥作响，水田在西晒下泛出橙黄的颜色。这都是儿子要跟您说的话，说不完的话啊。

（选自《解放日报》2011年11月18日）

太阳

◎［英］弗吉尼亚·伍尔夫

孔小炯 黄梅　译

弗吉尼亚·伍尔夫（1882—1941），英国女作家，意识流文学代表人物，20世纪现代主义与女性主义的先锋。

旭日冉冉东升，一朵白云在太阳光线慢慢地照射上来时，像一道白色的帘子那样灼灼发光；金黄色的楔形光流从上面倾泻下来，使峡谷中的树林显出一片葱绿，村庄则成了蓝褐色。在我们身后的天空中，白云犹如白色的岛屿漂浮在淡蓝色的湖泊中。在那儿，天空是无边无垠、任意驰骋的，然而在我们的前面，却有一条轮廓模糊的雪堤聚集起来了。不过，当我们继续观看时，它渐渐消散淡薄，成了片片云絮。瞬息之间，金色剧增，把白色融成了火焰般的薄纱，且变得越来越稀薄，直到在某一刹那间，把辉煌壮观的太阳呈现在我们的眼前。然后，出现了短暂的停顿，片刻的悬而未决，恰如起跑前的那一瞬间，发令员揿下跑表，计算起分秒数，而运动员则飞驰而出。

太阳也必须在神圣的时间耗尽之前，穿越云层，抵达他的目的地——右边那一片淡淡的透明。他起跑了，云层在路上设下了重重障碍，又是缠绕又是阻拦，都被他冲撞了过去。在被云层遮蔽住时，他还能被感觉到在那儿闪烁和飞驰。他的速度极为惊人。一会儿露出脸来，明亮夺目；一会儿进入云层，无踪无影。不过人们总是可以感觉到他在那儿飞驰，穿越黑暗，冲向目的地。有那么一瞬间，他现出身来，在我们的望远镜里把自己变成了一个中间凹陷的太阳，一个月牙形的太阳。最后，他钻入云层进行最后的努力了。现在他已完全被遮住了。时间在流逝，跑表捏在一只只手上，神圣的二十四秒钟开始了。除非他在最后一秒钟前胜利地穿越过去，否则他就是输家。人们依然能感觉到他正在云层后横冲直撞地奔跑着去赢取自由，但是云层阻碍着他，它们四处扩展、增厚，呆滞在那儿，抑制了他的速度。二十四秒钟只剩下最后五秒了，可他仍然被云遮蔽着。于是，当那生死攸关的几秒钟过去后，我们意识到太阳的失败了。他输掉了这场赛跑，这已是确凿无疑了。所有的色彩也开始从荒野中溜走了。蓝色成了紫色，白色变成了像一场狂暴然而无声无息的风暴袭击前的那种青灰色。粉红色的人脸染上了绿色，天气变得极其寒冷。这就是太阳的失败，我们痴痴地想着，思绪也从面前阴沉沉的云毯转向身后的荒野。它们是青灰色的，是紫色的。可突然之间，人们开始感悟到还有其他的事将发生，一些出乎意料的、令人惊畏的、不可避免的事。阴影变得越来越黑暗，凌驾在荒野上，犹如发生在船上的倾斜，不但没有在关键时刻改变过来，反而一点儿一点儿地在增加，然后突然倾覆了。那光线也是这样，变化着，“倾斜”着，最后败给了黑暗。

（标题为编者所拟，原题《太阳和鱼》，文章有删节，选自《太阳和鱼》，上海文艺出版社，2016年10月）

刈草的孩子

◎ 艾青

艾青（1910—1996），原名蒋海澄，浙江金华人，诗人、画家。他的诗歌语言朴素，诗意单纯，节奏明快。

夕阳把草原燃成通红了。
刈草的孩子无声地刈草，
低着头，弯曲着身子，忙乱着手，
从这一边慢慢地移到那一边……

草已遮没他小小的身子了——
在草丛里我们只看见：
一只盛草的竹篓，几堆草，
和在夕阳里闪着金光的镰刀……

（选自《艾青诗选》，江苏凤凰文艺出版社，2018年5月）

浪游者

◎［德］博布罗夫斯基

钱春绮　译

博布罗夫斯基（1917—1965），诗人、作家。他的诗歌思想饱满，审美独特，常带有深沉的哀歌式的气质，这与他自身的遭遇密切相关。

傍晚，
河流发出响声，
森林的沉重的呼吸，
天空，飞过
啼叫的群鸟，古老的、
黑暗的海滨，
上空闪着星星的光辉。

我曾过人的生活，
忘记数那些开着的
大门。我曾叩过
关闭的门。

每一扇门都敞开。
呼唤者张开了手臂
站着。进去到桌边坐下吧。
说：森林在喧响，
发出呼吸的河流
有鱼飞一般游过，天空
因星光而颤动。

（选自《德国抒情诗选》，陕西人民出版社，1988年4月）

读民俗

【祭海节】谷雨祭海祈福是中国沿海地区的地方传统民俗文化活动。对于渔民而言，谷雨流行祭海习俗。谷雨正是春海水暖之时，百鱼行至浅海地带，是下海捕鱼的好日子。俗话说："过了谷雨，百鱼近岸。"为了能够出海平安、满载而归，谷雨这天渔民举行海祭，祈祷海神保佑。

《新经典》编选：龙昌黄 朱维 宁宝剑

一个大党和一只小船

中国共产党现在（编者注：指作者写作此文的2001年）是一个拥有六千四百五十万党员的大党，是一个掌管着九百六十万平方公里国土、十二亿多人口国度的执政党。可是谁能想到，当初她却是诞生在一只小船上。

我特地赶到嘉兴南湖瞻仰这只小船。这是一只多么小的船啊，要低头弯腰才能进入舱内，刚能容下十几个人促膝侧坐。它被一条细绳系在湖边，随着轻风细浪，慢慢地摇荡。

因为是党史的起点，这条船现在被称为红船。1921年7月23日，中国共产党第一次代表大会在上海法租界的一栋房子里召开，但很快就被巡捕监视上了。不得已，立即休会转移。代表之一的李达，他的夫人王会悟是嘉兴人，是她提议到这里来开会的。8月1日，王会悟、李达、毛泽东先从上海来到嘉兴，租好了旅馆，就出来选“会场”。他们登上南湖湖心岛上的烟雨楼，见四周烟雨茫茫，水面上冷冷清清地漂着几只游船，不觉灵机一动，就租它一只船来当“会场”。当时还计划好游船停泊的位置，在楼的东北方向，既不靠岸，也不傍岛，就在水中来回漂荡。第二天，其余代表分散行动，从上海来到南湖，来到这只小船上。下午，通过了最后两个文件，中国共产党就这样诞生了。

今天，我重登烟雨楼，天明水静，杨柳依依。这烟雨楼最早建于五代，原址是在湖岸上。明嘉靖年间，当地知府赵瀛疏浚南湖，用挖起的土在湖心垒岛，第二年又在岛上起楼。有湖有岛有楼，再加上此地气候常细雨蒙蒙，南湖烟雨便成了一处绝景。清乾隆皇帝曾六下江南，八到烟雨楼，至今岛上还有御碑两通。现在楼头大匾上“烟雨楼”三个大字是当年的一大代表董必武亲笔所书。历史沧桑，烟雨茫茫，我今抚栏回望，真不敢想象我们这样一个大党，当初是那样艰难。那时百姓穷无立锥之地，要想建一个代表百姓利益的党，当然也就没有可落脚之处。列宁说，群众分阶级，阶级有党，党有领袖。当时这十二个领袖是何等窘迫，举目神州，无我寸土。我眼看手摸着这只小船，这些小桌小凳，这竹篷木舷。我算了一下，就是把舱里全摆满，顶多只能挤下十四个小凳，这就是现在有六千四百五十万党员的中共一大会场吗？但这个会场仍不安全，王会悟同志是专管在船头放哨的。下午，忽有一汽艇从湖面驶过，她疑有警情，忙发暗号，船内就立即响起一片麻将声。他们是一伙租了游船来玩的青年文人啊！汽艇一过，麻将撤去，再低声讨论文件，同时也没有忘记放开留声机作掩护。但不管怎样，中国共产党在这条小船的襁褓里诞生了。

距南湖不远是以大潮闻名的钱塘江，当年孙中山过此，观潮而叹曰："世界潮流浩浩荡荡，顺之则昌，逆之则亡。"共产党在此顺潮流而生，合是天意。

南湖边上现在还停着这只小小的木船，烟消雨歇，山明水静。游人走过，悄悄地向她行着注目礼。这已经是一种政治的象征和哲学意义的昭示。六千四百五十万党员的大党就是从这里上岸的啊。从贫无寸土，漂泊水上，到神州万里，万里江山。党在船上，船行水上，不惧风浪，不忘忧患，顺乎潮流，再登彼岸。

（文章有删改，选自《一个大党和一只小船——梁衡政治散文选》，人民出版社，2011年5月）

艺术天堂佛罗伦萨

沧海桑田，现代文明狂风骤雨般迅速蔓延，冲击着世界的每一个角落。但有一个地方，它奇迹般得到了光阴的眷顾，千百年来保持着自己的古朴典雅，在托斯卡纳明媚的阳光下静静地绽放。它便是徐志摩笔下的“翡冷翠”、文艺复兴的发源地、欧洲的艺术天堂——佛罗伦萨。

走出佛罗伦萨中央火车站，脚下历经千年风雨的鹅卵石愈发光滑泛亮。耳边传来阵阵清脆的马蹄声，保存完好的古老商店和陈旧的门窗，安静伫立在街道两侧。形态各异的精美雕塑随处可见，宁静古朴的城市风貌下，人仿佛穿越到了中世纪。

佛罗伦萨是艺术的天堂，是欧洲文艺复兴的发源地。在这座仅有四十多万居民的小城里，散布着四十多座博物馆和美术馆、六十多座宫殿以及无数大大小小的教堂；闪烁着文艺复兴光芒的建筑、雕塑、绘画，得以完好保存。

在这里，但丁吟唱出长诗《神曲》，达·芬奇勾勒出蒙娜丽莎迷人的微笑，米开朗琪罗雕刻出少年大卫力与美的身躯，拉斐尔、提香、伽利略、阿尼戈尼、瓦萨里等名家潜心学习，流连忘返，创作出一件件传世佳作。

这里弥漫着文艺复兴时期的氛围，保留着文艺复兴时期的风貌。可以说，佛罗伦萨本身，就是当代最大的文艺复兴博物馆。

佛罗伦萨面积不大，主要景点都可以步行到达。古城里，没有高大的建筑，低矮而古老的楼房鳞次栉比，铜制的铭牌标示着它们久远的历史。这里没有宽阔的公路，铺着青石板的狭长老路纵横交错，与皮鞋碰撞出清脆的脚步声，令人心情愉悦。

从佛罗伦萨中央火车站出发，步行十几分钟便可见到文艺复兴时期的代表建筑——圣母百花大教堂。它是世界第四大教堂，是佛罗伦萨的象征。教堂是典型的哥特式建筑，外立面由绿、白、红三色大理石砌成，几何图案配合众多《圣经》中的彩色雕塑，庄严肃穆中增添了一份纯净优雅的女性之美，难怪马克·吐温称赞大教堂为“大理石的诗”。

教堂最有名的，是仿照罗马万神殿设计的圆顶。在设计它时，建筑师没有任何草图或设计稿，甚至不搭内部脚手架，完全凭借心算和精确的空间想象，以新颖的鱼骨结构从下至上逐次砌成。这是古典艺术与科学的完美结合，连教皇也惊叹其如“神话一般”。

圣母百花大教堂前是圣乔凡尼广场，广场周围是层层交错的低矮商铺。这里车水马龙，游客络绎不绝，是佛罗伦萨最繁华的地方。顺着广场往南走，进入幽窄的小巷。从这里步行10分钟，便可以来到意大利最美的广场——领主广场。领主广场始建于13～14世纪，它是佛罗伦萨的政治中心。这里有最引人注目的旧宫，它又被称为韦基奥宫或维琪奥王宫，是佛罗伦萨的市政厅。

旧宫西侧有一座大卫的雕像复制品（大卫雕像真品位于佛罗伦萨美术学院内），旁边是“海神喷泉”的青铜雕塑，象征着彼时佛罗伦萨建立海上霸权的野心。

来到佛罗伦萨，不可错过的还有阿诺河畔的美景。阿诺河是佛罗伦萨的母亲河，河水弯弯曲曲，横贯东西，两岸热闹非凡，古老的店铺林立，游客熙来攘往。顺着阿诺河往前走，一座回廊拱桥出现在眼前。阿诺河上共有四座桥，最有特色的便是这座回廊拱桥——老桥。

老桥于1345年建成，是当时欧洲跨度最长的拱桥。它是佛罗伦萨人南北交通的必经之地，连接着乌菲兹美术馆与碧提宫，也是艺术长廊中重要的一环。相传，但丁跟他的梦中情人贝特丽丝邂逅于老桥上，贝特丽丝也成为但丁诗中唯一的女主人。走在桥中央，面向平静宽阔的阿诺河而立，夕阳下一对对情侣相拥相吻，仿佛走进了但丁的诗篇。

（标题为编者所拟，原题《佛罗伦萨，一座凝固了时间的城市》，作者姚晨曦，文章有删节，选自《看世界》2019年第12期）

《边走边读》编选：朱维 宁宝剑

《问道马克思：为什么信仰马克思主义？》

中央党校哲学教研部副主任董振华教授针对百年未有之大变局所带来的一系列新问题，选取了大众普遍关注的关于马克思主义的几十个问题，结合自己在中央党校讲授马克思主义哲学20多年的教学和研究，对比中西思想，立足马克思主义理论的内在逻辑和历史实践，展开了条分缕析、深入浅出的回答，力图引导读者更深入地认识马克思主义，真正树立马克思主义信仰。

一般来说，我们都知道马克思主义的根本价值追求是实现人类解放。但是，为什么说这是他们的根本价值追求，他们为什么要主张这样的价值追求，我们为什么要坚信这样的价值追求呢？我们必须通过研读经典，去真正领悟马克思主义根本价值追求的真理性和价值性是如何统一的，去感悟其中所蕴含的道义力量和真理力量。譬如，阅读马克思17岁中学毕业作文《青年在选择职业时的考虑》，我们能够找到共产主义者的“初心”。虽然这篇作文是马克思青年时期的作品，里面还有宗教相关内容，但是其所宣示的人生价值追求是一以贯之的，只不过和马克思哲学革命之后相比较，其实现人类解放的具体路径有所不同而已。“选择最能为人类幸福而劳动的职业”，这就是马克思对人生价值追问的深刻回答。那么，他又是如何论证这样的价值追求，使其建立在真理性的基础之上，从而使真理性和价值性相统一的呢？我们可以从其他经典著作中得到启发和找到答案。例如，在《〈黑格尔法哲学批判〉导言》中，马克思告诉我们，他的整个理论和实践的主题就是一个大写的“人”，即人类解放。大写的“人”，不是一个跪在地上的人，而是一个站起来的人、一个解放了的人，也不是单个人或者少数人，而是大多数人甚至是整个人类。和空想社会主义不同的是，马克思把人类解放视作一个不断革命的历史实践。“批判的武器当然不能代替武器的批判，物质力量只能用物质力量来摧毁”（《〈黑格尔法哲学批判〉导言》），只有用真正科学的、彻底的“人”的理论来说服人，才能够掌握群众，进而转化为人类解放的现实物质力量。正如马克思所说的：“哲学把无产阶级当作自己的物质武器，同样，无产阶级也把哲学当作自己的精神武器。”（《〈黑格尔法哲学批判〉导言》）也就是说，用科学的理论武装起来的真正觉悟了的无产阶级联合起来，现实地改变现存的生活状态，人类解放的价值理想才能够在革命性的历史运动中一步一步成为现实。

（摘自董振华《问道马克思：为什么信仰马克思主义？》，广西人民出版社）

《贫困的终结》

本书是中国农业大学教授李小云在参与脱贫攻坚战的过程中针对精准扶贫、产业扶贫等一系列政策和实践过程的思考。他援引了大量国内、国际扶贫案例，运用减贫的理论观点，以叙事的形式阐述了脱贫攻坚的重要性，以及中国取得脱贫攻坚战全面胜利的政治优势和制度优势。

河边村的年轻人文化程度普遍较低，有的读到初中就辍学回家了，能够读到高中的孩子凤毛麟角。邓哥告诉我，他们在学校里学习也学不到什么，读一年花一年的钱，回来还得当农民，还不如早点辍学，回来割胶、砍甘蔗挣点钱。邓哥的话虽然无奈，却道出了贫困的一些真正根源。

从这个角度看贫困的循环问题，我们可以找到一些线索。一方面贫困的确是一个恶性循环，陷于贫困的青年人一旦处于无助状态，就不可能像富裕家庭的孩子那样每天对未来进行规划和努力，他们面对的是眼前的困境。贫困家庭处于一个没有未来的困境中，只能影响下一代早生早育，他们面对的是生存和繁衍的基本需求。在基思·佩恩看来，在艰苦的时代，未来是不确定的，生存和繁衍的可能性都会变小，也许你还没有活到生小孩的年纪就会死去，在这种情况下，早生多生才是有效率的。基思·佩恩把这一现象称作“快生早死”。当然这讲的是生物生存性竞争的基本逻辑，即便像河边村这样贫困的村庄，出现早婚早育事实上也不一定是出于这样的原因。但有一点是肯定的，任何一个人进入到这样的境况时，这个人会进入到一个为了满足眼前需求而进行短期决策的状态，同时，这种基于眼前需求的行为会不断地延续，从而造成这个人一生的困境。他们缺钱，没有办法支付医疗费用、日常生活开支，于是就不得不去借钱；为了还钱，他们不得不去做很多急功近利的可能挣到钱的事。在这种循环下，他们很容易受到欺骗、盘剥，有的甚至去犯罪，河边村就有这样的案例，我把穷人的这种境况称为贫困的个体循环。与此同时，当一个家庭处于这种状态时，应对眼前需求和生计压力的行为又会通过家庭的教育传递到孩子身上，这就是所谓的贫困代际传递，我将这个现象称为贫困的代际循环。当一个村庄有很多这样的贫困家庭时，应对眼前生计压力的行为就会通过邻里效应而影响到其他家庭，从而形成贫困文化。我们在贫困村庄经常看到贫困现象，很多人会将这一现象称为贫困文化，并很轻易地将贫困归结为是贫困文化导致的，言外之意是只要改变这样的贫困文化，他们就能走上脱贫的道路。

（摘自李小云《贫困的终结》，中信出版社）

《古典植物园：传统文化中的草木之美》

中国人民大学文学学士、艺术学硕士汤欢从生活的烟火中发现植物的美好，在古典文学中撷取植物的故事，融情于植物，辅以古人手绘插图，文中有诗，诗中有画，创造出富有诗情画意、草木与人文温情交融的世界，让读者既赏文学、历史、艺术之美，又识植物文化之丰繁多样。

荠是十字花科一年或二年生草本植物，广泛分布于全球温带地区。人们食用荠菜的历史由来已久，清代文人叶调元《汉口竹枝词》记载："三三令节重厨房，口味新调又一桩。地米菜和鸡蛋煮，十分耐饱十分香。"

"三三令节"即农历三月初三，如今荠菜在江城依然被称作地米菜，因其花小、色白如米粒。湖北之外，不少地方都有此习俗。传说荠菜鸡蛋可治头痛，但竹枝词中只说"十分耐饱"，可见在乡民的记忆中，荠菜鸡蛋果腹充饥是第一位的。

三月初三又称“上巳节”，这是一个逐渐被淡忘的节日。这一天人们要去水边洗浴，以除凶去垢。魏晋以后，该节日定为三月初三，并增加了祭祀宴饮、曲水流觞等内容。南朝宗懔《荆楚岁时记》载：“三月三日，士民并出江渚池沼间，为流杯曲水之饮。”王羲之《兰亭集序》写的就是上巳节这一天的活动。杜甫《丽人行》有诗句“三月三日天气新，长安水边多丽人”，借此可以想象唐代长安上巳节的盛况。

但荠菜出现于上巳节，似乎是在宋代。一开始，人们用它来驱蚊避虫。北宋《物类相感志》载：“三月三日，收荠菜花置灯檠上，则飞蛾、蚊虫不投。”明代高濂《遵生八笺》引《琐碎录》：“三月三日，取荠菜花铺灶上及坐卧处，可辟虫蚁。”《本草纲目·菜部》亦载：“荠生济济，故谓之荠。释家取其茎作挑灯杖，可辟蚊、蛾，谓之护生草，云能护众生也。”荠菜的别名“护生草”由此而来。

此外，苏杭一带，三月三日这天，人们将

荠菜花戴在头上。明代田汝成《西湖游览志》云：“三月三日男女皆戴荠菜花。谚云：‘三春戴荠花，桃李羞繁华。’”男女都戴荠菜花，应该不是为了装饰，具体用途是什么呢？

清代道光年间苏州文士顾禄所著《清嘉录》，给出了答案。是书以十二月为序，记述苏州及周边地区的节令习俗。其中对荠菜花的记载，综合了以上两种用途：荠菜花，俗呼野菜花。因谚有“三月三，蚂蚁上灶山”之语，三日，人家皆以野菜花置灶陉上，以厌虫蚁。侵晨，村童叫卖不绝。或妇女簪髻上，以祈清目，俗号眼亮花。或以隔年糕油煎食之，云能明目，谓之眼亮糕。

（摘自汤欢《古典植物园：传统文化中的草木之美》，商务印书馆）

《书香》编选：龙昌黄

看京剧如何叫好

京剧的叫好，并没有一定之规。最早的时候，看戏本不必叫好，但后来叫好的人多了，慢慢就成了一种习惯。到了现在，好像看京剧不叫好，就显得有点外行，会叫好的戏迷，在剧场总有点优越感。很多人不叫好，不代表不爱戏，可能是因为害怕自己叫错，或者声音没控制好，影响舞台上演员的表演。其他现代的、西方的艺术形式，比如交响乐、芭蕾舞，就没有叫好一说，只要在一个章节结束后鼓掌致意就好了。那么京剧为什么要叫好呢？

我们用最简单的一句话来归纳，就是因为角儿愿意听到叫好。台下有人喝彩叫好，可以实时帮助演员提高精气神，叫好是为了辅助演员的表演。除此以外，叫好还可以让观众参与表演，用这种方式互动，来获得愉悦。在京剧剧场里，大家会感受到非常热闹的气氛，演的人和看的人在这个过程中都得到了欢喜，这就是叫好最大的价值。

看戏叫好其实还是有点诀窍的。比如说一台戏大幕拉开，头路角儿，也就是领衔主演出场的时候，我们通常要给他一个碰头彩，这是一个必叫的好。如果一个角儿今天第一次出场没有得到碰头彩，那就是栽了。接下来在演唱的过程中，有一句特别大的腔，比如《击鼓骂曹》“谗臣当道谋汉朝”，一个西皮导板，从幕里面一直唱到台口，观众一定要叫一个大好。下来是原板，有一句“手中缺少杀人的刀”，“杀”这个字拖长音，拖个八拍，这个设计干什么用呢？就是为了让观众叫好。总结来说，拖长、拔高、复杂的唱腔将要结束还未结束的时候，观众就可以叫好了。还有就是一段唱结束的时候，一般也有一个礼节性的叫好。

武戏叫好的点就更多了，不管是单人技术、

多人技巧，还是群武戏、打出手或者翻跟斗，都是可以叫好的。过程当中可以叫好，一大段技巧终结的时候更要鼓掌叫好。有时候打出手发生小意外，比如枪掉在地上了、宝剑入鞘没入进去，一般演员会再来一遍，再来一遍两遍成功了以后，观众的叫好往往比一遍成功的还要热烈，因为大家比较心疼演员，知道在巨大压力下的成功更是来之不易。

相对来说，好像男性观众叫好比较自然，女性大多容易害羞，调门太高也不合适。今天的剧场女观众越来越多，随着观众结构发生变化，叫好的方式也发生了变化。不管什么样的叫法，只要知道看戏的节骨眼在哪儿、在哪儿叫好最舒服也就行了，最重要的是台上台下融为一体，宾主尽欢。

（标题为编者所拟，原题《叫好》，作者王珮瑜，文章有删节，选自《台上见：王珮瑜京剧学演记》，中信出版社，2019年11月）

《艺术欣赏》编选：朱维 宁宝剑

图书在版编目（CIP）数据

读有所得.126/《读有所得》编辑部编.—长沙：湖南文艺出版社，2021.10

ISBN 978-7-5726-0394-5

Ⅰ.①读… Ⅱ.①读… Ⅲ.①社会科学一通俗读物 Ⅳ.①C49

中国版本图书馆CIP数据核字（2021）第198900号

读有所得·126

Du You Suo De

中共湖南省委宣传部指导

《读有所得》编辑部编

出 版 人：曾赛丰
监　　制：曾昭来
责任编辑：吕苗莉　匡杨乐　谢朗宁
编　　选：龙昌黄　朱维　宁宝剑
责任校对：百愚文化　袁学嘉　张怡
装帧设计：萧睿子
封面绘画：彭毅　欧阳彩蓉　龚筱篪

湖南文艺出版社出版、发行
（湖南省长沙市雨花区东二环一段508号 邮编：410014）
网 址：www.hnwy.net
湖南省新华书店经销　湖南省众鑫印务有限公司

2021年10月第1版 第1次印刷
开 本：787 mm×1092 mm 1/32
印 张：3.25
字 数：50，000
书 号：ISBN 978-7-5726-0394-5
定 价：10.00元

《读有所得》编辑部
联系电话　0731-85983069　官方邮箱　duyousuode@sina.com
官方微博　https://weibo.com/duyousuode

本社邮购电话：0731-85983015
若有印装质量问题，请直接与本社出版科联系调换